Cantando com JESUS

OUÇA A MÚSICA
COM QR CODE

Nota para os pais e educadores

A música é uma das mais belas manifestações do espírito humano. Ocupa lugar de destaque em nossas vidas, em diversos momentos e ocasiões. Além de estar sempre tão presente na infância, contribui em diversos aspectos, seja por meio de memórias afetivas, como instrumento de aprendizado, na alfabetização e no fortalecimento da espiritualidade.

Cantando com Jesus é uma ferramenta para os pais e educadores cristãos apresentarem às crianças este caminho de fé. Com ele, as crianças vão aprender que podem falar com Deus em qualquer situação, até mesmo por meio de lindos louvores.

Esta obra contribui para a formação de valores-base na vida da criança. Torna a leitura compartilhada um ato de amor e aconchego em família, oportunizando aos pais momentos para transmitir a fé e consolidar importantes valores aos seus filhos. Além de encantar a todos com as mais belas e coloridas ilustrações, é perfeita para a família colecionar boas e doces memórias.

Agora, é só procurar um lugar calmo, curtir, louvar e refletir juntos.

Quem canta, ora duas vezes!

OUÇA A MÚSICA COM QR CODE

Cada **canção** traz o seu **QR CODE.** Para **ouvir,** basta **posicionar a câmera do seu celular sobre o código.**

Doce é sentir

OUÇA-ME

DOCE É SENTIR, EM MEU CORAÇÃO
HUMILDEMENTE, VAI NASCENDO O AMOR
DOCE É SABER, NÃO ESTOU SOZINHO
SOU UMA PARTE DE UMA IMENSA VIDA
QUE, GENEROSA, RELUZ EM TORNO A MIM
IMENSO DOM DO TEU AMOR SEM FIM

O CÉU NOS DESTE E AS ESTRELAS CLARAS
NOSSO IRMÃO SOL, NOSSA IRMÃ A LUA
NOSSA MÃE TERRA, COM FRUTOS, CAMPOS, FLORES
O FOGO E O VENTO, O AR E A ÁGUA PURA
FONTE DE VIDA DE TUA CRIATURA
IMENSO DOM DO TEU AMOR SEM FIM

FONTE DE VIDA DE TUA CRIATURA
IMENSO DOM DO TEU AMOR SEM FIM

Vaso novo

EU QUERO SER, JESUS AMADO
COMO UM VASO NAS MÃOS DO OLEIRO
ROMPE-ME A VIDA, FAZ-ME DE NOVO
EU QUERO SER, EU QUERO SER
UM VASO NOVO

OUÇA-ME

Este é o dia

ESTE É O DIA, ESTE É O DIA
QUE O SENHOR NOS FEZ
QUE O SENHOR NOS FEZ
DIA DE ALEGRIA, DIA DE ALEGRIA
E DE CÂNTICOS, E DE CÂNTICOS

ESTE É O DIA QUE O SENHOR NOS FEZ
DIA DE ALEGRIA E DE CÂNTICOS
ESTE É O DIA, ESTE É O DIA
QUE O SENHOR NOS FEZ

Eu te louvarei, Senhor

EU TE LOUVAREI, SENHOR
DE TODO O MEU CORAÇÃO
EU TE LOUVAREI, SENHOR
DE TODO O MEU CORAÇÃO

NA PRESENÇA DOS ANJOS
A TI CANTAREI LOUVORES
NA PRESENÇA DOS ANJOS
A TI CANTAREI LOUVORES

EU TE BENDIREI, SENHOR
DE TODO O MEU CORAÇÃO
EU TE BENDIREI, SENHOR
DE TODO O MEU CORAÇÃO

NA PRESENÇA DOS ANJOS...

EU TE EXALTAREI, SENHOR
DE TODO O MEU CORAÇÃO
EU TE EXALTAREI, SENHOR
DE TODO O MEU CORAÇÃO

NA PRESENÇA DOS ANJOS...

OUÇA-ME

Isaías 49

EU JAMAIS ESQUECEREI O MEU POVO, POIS
ELE ESTÁ GRAVADO EM MINHAS MÃOS
EU JAMAIS ESQUECEREI VOCÊ, ÓRFÃO
NÃO LHE DEIXAREI
EU JAMAIS ESQUECEREI O QUE É MEU

PODE A MÃE ESQUECER O SEU FILHO
OU A MULHER, A CRIANÇA EM SEU SEIO?
MESMO, AINDA QUE ESQUECESSE
SIM, AINDA QUE ESQUECESSE
EU JAMAIS ESQUECEREI O QUE É MEU

OUÇA-ME

OUÇA-ME

Jesus Cristo não vai passar

JESUS CRISTO NÃO VAI PASSAR
JESUS CRISTO NÃO VAI PASSAR
JESUS CRISTO NÃO VAI PASSAR
POR QUÊ?
PORQUE ESTÁ DENTRO DO MEU CORAÇÃO

O FOGO CAI, CAI, CAI, OS MALES SAEM, SAEM, SAEM
E NÓS QUE CREMOS, LOUVAMOS AO SENHOR
O FOGO CAI, CAI, CAI, OS MALES SAEM, SAEM, SAEM
E NÓS QUE CREMOS, LOUVAMOS AO SENHOR

O ESPÍRITO NÃO VAI PASSAR
O ESPÍRITO NÃO VAI PASSAR
O ESPÍRITO NÃO VAI PASSAR
POR QUÊ?
PORQUE ESTÁ DENTRO DO MEU CORAÇÃO

O FOGO CAI, CAI, CAI, OS MALES SAEM, SAEM, SAEM
E NÓS QUE CREMOS, LOUVAMOS AO SENHOR
O FOGO CAI, CAI, CAI, OS MALES SAEM, SAEM, SAEM
E NÓS QUE CREMOS, LOUVAMOS AO SENHOR

O AMOR NÃO VAI PASSAR
O AMOR NÃO VAI PASSAR
O AMOR NÃO VAI PASSAR
POR QUÊ?
PORQUE ESTÁ DENTRO DO MEU CORAÇÃO

O FOGO CAI, CAI, CAI, OS MALES SAEM, SAEM, SAEM
E NÓS QUE CREMOS, LOUVAMOS AO SENHOR
O FOGO CAI, CAI, CAI, OS MALES SAEM, SAEM, SAEM
E NÓS QUE CREMOS, LOUVAMOS AO SENHOR

OUÇA-ME

O nome de Jesus é doce

O NOME DE JESUS É DOCE
TRAZ GOZO, PAZ E ALEGRIA
CANTANDO ESSA MELODIA
JESUS, JESUS, JESUS

SUBINDO, SUBINDO
SUBINDO PARA O CÉU EU VOU
TRISTEZA NÃO VAI COMIGO
PORQUE JESUS JÁ ME LIBERTOU
JOGUEI A TRISTEZA FORA
E, EM PAZ, AGORA CONTENTE ESTOU

Podes reinar

SENHOR, EU SEI QUE É TEU ESTE LUGAR
TODOS QUEREM TE ADORAR
TOMAR TUA DIREÇÃO
SIM Ó VEM, Ó SANTO ESPÍRITO
OS ESPAÇOS PREENCHER
REVERÊNCIA À TUA VOZ VAMOS FAZER

PODES REINAR, SENHOR JESUS, Ó SIM
O TEU PODER TEU POVO SENTIRÁ
QUE BOM, SENHOR
SABER QUE ESTÁS PRESENTE AQUI
REINA, SENHOR, NESTE LUGAR

VISITA CADA IRMÃO, Ó MEU SENHOR
DÁ-LHE PAZ INTERIOR
E RAZÕES PRA TE LOUVAR
DESFAZ TODAS TRISTEZAS
INCERTEZAS, DESAMOR
GLORIFICA O TEU NOME, Ó MEU SENHOR

PODES REINAR, SENHOR JESUS, Ó SIM
O TEU PODER TEU POVO SENTIRÁ
QUE BOM, SENHOR
SABER QUE ESTÁS PRESENTE AQUI
REINA, SENHOR, NESTE LUGAR

OUÇA-ME

OUÇA-ME

Põe tua mão

PÕE TUA MÃO
NA MÃO DO MEU SENHOR
DA GALILÉIA

PÕE TUA MÃO
NA MÃO DO MEU SENHOR
QUE ACALMA O MAR

MEU JESUS
QUE CUIDA DE MIM
NOITE E DIA SEM CESSAR

PÕE TUA MÃO
NA MÃO DO MEU SENHOR
QUE ACALMA O MAR

Quero louvar-Te

QUERO LOUVAR-TE, SEMPRE MAIS E MAIS
QUERO LOUVAR-TE, SEMPRE MAIS E MAIS
BUSCAR O TEU QUERER, TUA GRAÇA CONHECER
QUERO LOUVAR-TE

AS AVES DO CÉU CANTAM PARA TI
AS FERAS DO CAMPO REFLETEM TEU PODER
QUERO CANTAR, QUERO LEVANTAR
AS MINHAS MÃOS A TI

QUERO AMAR-TE, SEMPRE MAIS E MAIS
QUERO AMAR-TE, SEMPRE MAIS E MAIS
BUSCAR O TEU QUERER, TUA GRAÇA CONHECER
QUERO AMAR-TE

AS AVES DO CÉU CANTAM PARA TI
AS FERAS DO CAMPO REFLETEM TEU PODER
QUERO CANTAR, QUERO LEVANTAR
AS MINHAS MÃOS A TI

OUÇA-ME

Porque Ele vive

DEUS ENVIOU SEU FILHO AMADO
PARA MORRER EM MEU LUGAR
NA CRUZ PAGOU POR MEUS PECADOS
MAS O SEPULCRO VAZIO ESTÁ PORQUE ELE VIVE

PORQUE ELE VIVE, EU POSSO CRER NO AMANHÃ
PORQUE ELE VIVE, TEMOR NÃO HÁ
MAS EU BEM SEI QUE O MEU FUTURO
ESTÁ NAS MÃOS DO MEU JESUS, QUE VIVO ESTÁ

UM DIA EU VOU CRUZAR OS RIOS
E VEREI, ENTÃO, UM CÉU DE LUZ
E VEREI QUE LÁ, EM PLENA GLÓRIA
VITORIOSO, VIVE E REINA O MEU JESUS

PORQUE ELE VIVE, EU POSSO CRER NO AMANHÃ
PORQUE ELE VIVE, TEMOR NÃO HÁ
MAS EU BEM SEI, QUE O MEU FUTURO
ESTÁ NAS MÃOS DO MEU JESUS, QUE VIVO ESTÁ

OUÇA-ME

OUÇA-ME

Quando o Espírito de Deus se move em mim

QUANDO O ESPÍRITO DE DEUS
SE MOVE EM MIM
EU REZO COMO O REI DAVI
QUANDO O ESPÍRITO DE DEUS
SE MOVE EM MIM
EU REZO COMO O REI DAVI

EU REZO, EU REZO
EU REZO COMO O REI DAVI
EU REZO, EU REZO
EU REZO COMO O REI DAVI

QUANDO O ESPÍRITO DE DEUS
SE MOVE EM MIM
EU CANTO COMO O REI DAVI
QUANDO O ESPÍRITO DE DEUS
SE MOVE EM MIM
EU CANTO COMO O REI DAVI

EU CANTO, EU CANTO
EU CANTO COMO O REI DAVI
EU CANTO, EU CANTO
EU CANTO COMO O REI DAVI
EU CANTO COMO O REI DAVI
EU REZO COMO REI DAVI

QUANDO O ESPÍRITO DE DEUS
SE MOVE EM MIM
EU DANÇO COMO O REI DAVI
QUANDO O ESPÍRITO DE DEUS
SE MOVE EM MIM
EU DANÇO COMO O REI DAVI
EU DANÇO, EU DANÇO
EU DANÇO COMO O REI DAVI

EU DANÇO, EU DANÇO
EU DANÇO COMO O REI DAVI
EU DANÇO COMO O REI DAVI
EU CANTO COMO O REI DAVI
EU REZO COMO REI DAVI

QUANDO O ESPÍRITO DE DEUS
SE MOVE EM MIM
EU LOUVO COMO O REI DAVI
QUANDO O ESPÍRITO DE DEUS
SE MOVE EM MIM
EU LOUVO COMO O REI DAVI

EU LOUVO, EU LOUVO
EU LOUVO COMO O REI DAVI
EU LOUVO, EU LOUVO
EU LOUVO COMO O REI DAVI
EU LOUVO COMO O REI DAVI
EU DANÇO COMO O REI DAVI
EU CANTO COMO O REI DAVI
EU REZO COMO REI DAVI

Salmo 22

O SENHOR É MEU PASTOR
NADA ME FALTARÁ
O SENHOR É MEU PASTOR
NADA ME FALTARÁ
AINDA QUE EU ANDE
PELO VALE DAS SOMBRAS DA MORTE
NÃO TEMEREI, NÃO TEMEREI

NÃO TEMEREI, NÃO TEMEREI, NÃO TEMEREI
ALELUIA, ALELUIA, ALELUIA. AMÉM, SHALOM

OUÇA-ME

Tomado pela mão

OUÇA-ME

TOMADO PELA MÃO COM JESUS EU VOU
SIGO-O COMO OVELHA QUE ENCONTROU PASTOR
TOMADO PELA MÃO COM JESUS EU VOU AONDE ELE FOR
TOMADO PELA MÃO COM JESUS EU VOU
SIGO-O COMO OVELHA QUE ENCONTROU PASTOR
TOMADO PELA MÃO COM JESUS EU VOU AONDE ELE FOR

SE JESUS ME DIZ:
– AMIGO, DEIXA TUDO E VEM COMIGO ONDE TUDO É MAIS FORMOSO E MAIS FELIZ
SE JESUS ME DIZ:
– AMIGO, DEIXA TUDO E VEM COMIGO
EU MINHA MÃO POREI NA TUA E IREI COM ELE

TOMADO PELA MÃO COM JESUS EU VOU
SIGO-O COMO OVELHA QUE ENCONTROU PASTOR
TOMADO PELA MÃO COM JESUS EU VOU AONDE ELE FOR
TOMADO PELA MÃO COM JESUS EU VOU
SIGO-O COMO OVELHA QUE ENCONTROU PASTOR
TOMADO PELA MÃO COM JESUS EU VOU AONDE ELE FOR

EU TE LEVAREI AMIGO A UM LUGAR COMIGO
ONDE O SOL E AS ESTRELAS BRILHAM MAIS
EU TE LEVAREI AMIGO A UM LUGAR COMIGO
ONDE TUDO É MAIS FORMOSO E MAIS FELIZ

TOMADO PELA MÃO COM JESUS EU VOU . . .

Rodovia Jorge Lacerda, 5086 - Poço Grande
Gaspar - SC | CEP 89115-100

Ilustração:
Belli Studio e Freepik

Áudio:
Marinelli Produtora

Revisão:
Letícia Maria Klein

IMPRESSO NA CHINA
www.sbneditora.com.br

Dados Internacionais de Catalogação na Publicação (CIP)
(Câmara Brasileira do Livro, SP, Brasil)

Cantando com Jesus / [Ilustração: Belli Studio].
Gaspar, SC: Editora SBN, 2023.

ISBN 978-85-376-3652-7

1. Canções infantis - Literatura infantojuvenil
2. Jesus Cristo - Literatura infantojuvenil
I. Belli Studio.

13-137197 CDD-028.5

Índices para catálogo sistemático:

1. Canções infantis : Literatura infantil 028.5
2. Canções infantis : Literatura infantojuvenil 028.5
Cibele Maria Dias - Bibliotecária - CRB-8/9427